Finanzielle Freiheit

Wie man ein Vermögen aufbaut

INHALT

Das Sparverhalten der Deutschen

Bei der Erstellung dieses Buches bin ich auf viele Studien gestoßen. Es ist erstaunlich, wieviel die Deutschen sparen und wofür sie ihr Geld ausgeben.

Ich habe tagelang nach Studien gesucht und mehrere miteinander verglichen. Tatsächlich sind gelegentlich leichte Abweichungen vorhanden, der Großteil allerdings ist gleichbleibend. Ich möchte also nun einmal vorab die wichtigsten Informationen für Sie zusammenfassen. Wichtig hierbei ist, dass es sich immer um ungefähre Angaben handelt. Außerdem darf man nicht vergessen, dass wir hier von der Allgemeinheit sprechen. Eine Statistik trifft nur selten auf einzelne Personen zu betrachten. Trotzdem verwenden wir diese Informationen, um einen Überblick zu erhalten, wie sich der Durchschnitt verhält. Alle Informationen zu den Quellen finden Sie am Ende des Buches!

Das durchschnittliche Nettoeinkommen der Deutschen liegt zwischen 2.500 – 2.700 EUR

Der Betrag ist schon ziemlich hoch, wenn man berücksichtigt, dass so viele Menschen für den Mindestlohn arbeiten gehen. Aber ich habe diese Beträge nun mehrfach recherchiert und darum rechne wir in diesem Buch mit den 2.500 EUR als Durchschnitt.

Wofür geben die Deutschen ihr Geld aus?

36 % - 900 EUR - Wohnen, Energie und Instandsetzung

Knapp über 1/3 des Gehalts geht für Wohnen weg. Wenn Sie mehr als 40 % bezahlen, sollten Sie sich ggf. nach einer neuen Wohnung umsehen.

14 % - 350 EUR - Nahrungs- und Genussmittel

Unter Genussmittel versteht man auch Zigaretten und Alkohol. Zusammen mit dem Wohnen ist man nun bei 50 % angelangt. Versuchen Sie nicht mehr für Beides aus zu geben. (Natürlich ist dies nicht immer möglich und in teuren Großstädten schwer umzusetzen.)

14 % - 350 EUR - Verkehr

Die meisten Menschen geben genauso viel Geld für den Verkehr aus, wie für Nahrungs– und Genussmittel. Zum Verkehr gehören Fahrten zur Arbeit, Einkaufen, Urlaubsfahrten, Tagesfahrten, das Bahnticket oder Fahrten mit dem Bus, aber auch das gelegentliche Taxi am Wochenende.

10,4 % - 260 EUR - Freizeit & Kultur

Am Wochenende mit Freunden feiern, mit der Familie in den Zoo gehen oder ein Museum bzw. ein Konzert besuchen: Wir Deutschen legen viel Wert auf eine schöne Freizeitgestaltung. Schließlich haben wir fünf bis sechs Tage die Woche gearbeitet und dürfen uns gerne mal etwas Spaß gönnen.

6 % - 150 EUR - Übernachtungen / Gaststätten

Dieser Anteil kommt zustande, weil viele Pendler auswärts übernachten müssen. Außerdem sind in den Statistiken natürlich auch Selbstständige aufgelistet, die viel unterwegs sind. Zusätzlich gelten die Ausgaben auch für Wochenend-Trips oder 1-Mal-Übernachtungen, weil man den Zug verpasst hat oder für Urlaubsreisen.

5,6 % - 140 EUR - Innenausstattung und Haushaltsgeräte

Wir Deutschen geben viel Geld aus für Möbel und Haushaltsgeräte. Dies ist seit Jahren bekannt und wir befinden uns mit den Ausgaben auch immer in den TOP 10. Nicht umsonst gibt es so viele Baumärkte und Möbelunternehmen bei uns im Land. Wir mögen es eben schön und komfortabel, wenn wir nach einem harten Arbeitstag nach Hause kommen. Außerdem macht es auch Spaß, am Wochenende in Gartenarbeit zu versinken oder das Wohnzimmer neu zu gestalten.

4,4 % - 110 EUR - Bekleidung und Schuhe

Die einen geben mehr aus, die anderen weniger. Wenn man berücksichtigt, dass einige Schuhe oder Kleidung bestimmter Marken auch leicht über 150 EUR liegen, sind die 110 EUR eigentlich noch sehr niedrig angesetzt. Aber auch hier gilt eben, was der Durchschnitt der Deutschen ausgibt.

9,6 % -240 EUR - Gesundheit, Telekommunikation und andere Waren und Dienstleistungen

Telekommunikation:
Zur Telekommunikation zählen Punkte wie Handy-verträge, Abzahlung von Mobilfunkgeräten, Internet + Telefon für zu Hause. Der Kabel-Fernseh-Anschluss oder das Streaming-Abo gehört auch mit dazu.

Gesundheit:
Zur Gesundheit gehört die Mitgliedschaft im Fitnessstudio oder die Anschaffung von Sportgeräten. Außerdem gehören auch Kosmetik- und Hygieneartikel dazu.

Waren und Dienstleistungen:
Unter Waren versteht man Produkte wie Videospiele für die Spielkonsole bzw. die Spielkonsole selbst. Als Dienstleistungen werden Friseurbesuche oder Maniküre dazu gerechnet.

Erstaunlich zu sehen, wofür die Deutschen alles Geld ausgeben. Machen Sie sich mal Gedanken über Ihre Ausgaben und vergleichen Sie diese mit dem Durchschnitt. Geben Sie mehr Geld aus für Kleidung? Kostet Ihre Wohnung vielleicht zu viel? Nachdem Sie nun einen Überblick haben, wie der Durchschnitt mit Geld umgeht, lassen Sie uns ein paar andere Fakten offenlegen.

Jeder 3. Deutsche könnte im Notfall keine 500 EUR bezahlen, ohne sich zu verschulden

Kaum zu glauben? Ist aber leider so. Stellen Sie sich vor, Ihr Auto müsste sofort in die Reparatur. Könnten Sie mal eben 500 EUR für die Reparatur ausgeben und wie gewohnt weiterleben, ohne Ihr Konto zu überziehen und ohne sich anderweitig einzuschränken?
Seien Sie mal ehrlich zu sich selber. Wäre das ein Problem für Sie?

Wie ist das Sparverhalten der Deutschen?

Beachten Sie bitte, dass die Prozentzahlen zusammen nicht 100 % ergeben, sondern abweichen können, da es teilweise in den Umfragen mehrere Antwortmöglichkeiten gab.

- Weniger als 50 % der Deutschen legen regelmäßig Geld zurück.

- Ca. 15 % sparen sogar nichts.

- Die durchschnittliche Sparsumme der Deutschen liegt bei 100 – 120 EUR im Monat. Dies entspricht gerade mal 4,0 - 4,8 % vom Nettoeinkommen. In dieser Sparsumme sind auch schon Vermögenswirksame Leistungen wie Bausparverträge eingerechnet.

- Über 50 % sparen für einen Urlaub.

- Weniger als 50 % sparen aber für finanzielle Reserven.

- Außerdem sparen 40 % der Befragten auch für Luxusgüter bzw. teure Markenartikel (Mode, Schmuck, etc.)

Es ist erstaunlich zu sehen, dass der Großteil nur spart, um es wieder auszugeben. Die wenigsten sparen aber, um sich abzusichern. Somit zahlen nur die wenigsten in sich selbst und die Zukunft ein und geben eher Geld für Konsumgüter aus.

Wie kommen die Deutschen mit ihrem Geld hin?

30 % der Deutschen kommt gut mit dem verfügbaren Geld hin und kann Rücklagen bilden.

40 % der Deutschen kommt normal zurecht und hat am Monatsende +/- 0,00 EUR.

30 % der Deutschen kommt gerade so über die Runden und/oder muss sich verschulden.

Wirklich beängstigend ist, dass gerade einmal 1/3 der befragten Deutschen keine finanziellen Probleme hat und super leben kann, ohne sich Gedanken über Geld zu machen, während die 40 % es nur schaffen, solange keine plötzlichen Kosten auftreten. Sollte auf einmal eine große Schadensrechnung oder Ähnliches auftreten, fallen diese Leute schnell in die 3. Kategorie.

Obwohl die Zahlen eigentlich für sich sprechen, denkt immer noch jeder 2. Deutsche, dass er gut mit Geld umgehen kann.

Es sind sich auch 60 % der Deutschen sicher, dass es keine Folgen haben wird, wenig zu sparen, schließlich würden sie nur leichte bzw. gar keine Einschränkungen später in der Rente haben

75 % der aktuellen Rentner beklagen sich jedoch über zu wenig Rente und ist somit ein Widerspruch.

Was sind die Ausreden der Nicht-Sparer / Wenig-Sparer?

-„Es ist mir finanziell nicht möglich, etwas zurück zulegen."

- „Es gibt kein Sparziel. Daher gebe ich es gleich aus."

- „Ich gebe lieber heute mein Geld aus, als es später für etwas anderes zu verschwenden."

- „Wenn es mir schlecht geht, gebe ich gerne Geld aus, da es mich glücklich macht."

- „Bei der Bank bekommt man eh keine Zinsen mehr, also warum sollte man noch sparen."

Man könnte eine solche Liste wahrscheinlich grenzenlos gestalten. Das Problem ist aber nicht das sparen an sich, sondern die Tatsache, dass viele Menschen nicht bereit sind auf etwas zu verzichten. Natürlich gibt es Menschen, die zu wenig Geld haben. Denen empfehle ich zuerst den 1. Schritt der finanziellen Freiheit zu beschreiten.

Die Leute, die sich mit dem 1. Schritt auseinander gesetzt haben und finanzielles gutes Einkommen generieren, sind in der Lage einen Geldbetrag zur Seite zu legen.

Stellen Sie sich vor, Sie möchten 10 Kg abnehmen, essen aber jeden Tag Fast-Food und machen keinen Sport. Glauben Sie dann, dass Sie wirklich abnehmen? Natürlich nicht.

Mal anders betrachtet, was würde passieren, wenn Ihr Vermieter auf einmal 2 % Mieterhöhung verlangt? Verstehen Sie worauf ich hinaus möchte?

Ohne den 1. Schritt der finanziellen Freiheit, wird es schwer den 2. Schritt durchzuführen. Sie müssen daher alles daran setzen, mehr Geld zu generieren.

Genauso verhält es sich auch beim Sparen. Man muss aktiv handeln, um einen passiven Erfolg zu erzielen.

Dies führt uns auch direkt zu unserem nächsten Kapitel.

Die Finanzen im Überblick haben

Um mit dem Sparen anfangen zu können, ist es erst mal wichtig, seine Finanzen zu kennen. So werden Sie sich auch über die Summe im Klaren, die Sie eigentlich sparen können.

Außerdem haben Sie wechselnde Belastungen. Jeder Monat ist anders. Es gibt Jahreszahlungen (einmal im Jahr), Quartalszahlungen (alle drei Monate) und Monatszahlungen. Trotzdem möchten Sie natürlich immer und jeden Monat sparen. Wichtig ist nur, dass Sie zu jedem Zeitpunkt wissen, wie viel Geld Sie gerade zur Verfügung haben.

Der Finanzplan

Eigentlich ganz einfach. Sie erstellen sich einen Finanzplan. In diesem Finanzplan, listen Sie alle Einnahmen und Ausgaben auf. Wichtig hierbei ist, dass Sie genau sind. Es bringt Ihnen überhaupt nichts, wenn Sie sich irgendwelche Summen schön rechnen oder Positionen vergessen. Es muss ganz klar zu erkennen sein, wie viel Sie in welchem Monat übrig haben.

Sie listen also wirklich alle Einnahmen und Ausgaben auf. Zum Beispiel:

Einnahmen
Gehalt
Finanzanlagen (Tagesgeldkonto/Wertpapiere)

Ausgaben
Sparkonto
Sparbuch
Spardose
Haus/Miete
Wohnungsversicherungen
Privatversicherungen
Lebensmittel / Verpflegung
KFZ-Steuer
KFZ-Versicherung
KFZ-Tanken
Kontoführungsgebühren
GEZ Kosten
Mannschaftskasse (Bei sportlichen Aktivitäten üblich)
Friseur
etc.

Es gibt Kosten, die jeden Monat anfallen und daher auch sehr leicht zu berechnen sind. Jahreszahlungen oder Quartalszahlungen machen sich nur in bestimmten Monaten bemerkbar.

Januar und April müsste Beispielsweise GEZ gezahlt werden, somit hat man da weniger zur Verfügung.

Im März könnte ein Urlaub anfallen. Dies sorgt für mehr Tankkosten, andere Verkehrsmittel wie S-Bahn in der Innenstadt oder dergleichen. Außerdem müsste die Übernachtung bezahlt werden.

Im Februar wird ggf. die KFZ-Steuer fällig.

Selbst das Sparen wird von Anfang an mit aufgelistet, da es sich dabei um Abzüge handelt, die vor allen anderen Zahlungen stattfinden sollte.

Denken Sie immer daran – Bezahlen Sie immer zuerst sich selbst.-

Am Ende zählen Sie alle Positionen zusammen und erhalten einen Überschuss.

Sollte dieser nicht entstehen, sollten Sie Ihre Ausgaben nochmal prüfen und bei einige Positionen anfangen einzusparen.

Diese Übersicht sollte nur einen kleinen Einblick geben, wie ein solcher Plan aussehen kann.

Mit dem entstandenen Überschuss, können Sie dann machen, was Sie möchten. Die einen legen dieses Geld auf ihr Sparkonto. Andere lassen es auf dem Konto, weil sie im nächsten Monat mehr Belastungen erwarten, und können damit das Defizit ausgleichen. Wieder andere gehen damit im Restaurant essen oder gönnen sich etwas Anderes davon. Was auch immer Sie letzten Endes mit diesem Geld machen, wichtig ist nur, dass Sie diesen Überschuss erst am 01. des Folgemonats in Anspruch nehmen, da es jederzeit zu unvorhersehbaren Kosten kommen kann.

Beispiele dafür wären, dass Sie Hochzeit- oder Geburtstagsgeschenke kaufen müssen. Das sich Ihre Lebensmittel erhöhen, weil Sie selber Geburtstag haben und zu Hause feiern oder weil Sie diesen Monat auf Festivals gewesen sind.

Führen Sie einen Haushaltsplan

Der Haushaltsplan kann ein mächtiges Instrument beim Sparen sein. In diesem Haushaltsplan listen Sie alle Kosten auf, die für den Haushalt entstanden sind. Sammeln Sie dafür alle Kassenbons. Eine solche Liste kann aufgeteilt werden in folgende Punkte:

- Nahrung
- Getränke
- Hygieneartikel (Küchentücher, Klopapier, Shampoo etc.)
- Haustier (Nahrung, Spielzeug, etc.)
- Genussmittel/Feiern (Alkohol, Zigaretten, Geld für Disco/Bar/Kneipe)
- Snacks (Chips, Flips, Schokolade, Kaugummis etc.)
- Auto (Tanken, neue Scheibenwischer, etc.)
- Kleidung
- Instandhaltung (Farbe für zu Hause, eine neue Türklingel, etc.)

Teilen Sie alle Kosten auf, die jeden Monat unterschiedlich ausfallen. Sie können schließlich nicht voraussagen, wie viel Geld Sie nächsten Monat genau verbrauchen für Essen und Trinken. Genauso wenig wissen Sie, wie viel Geld Sie beim nächsten Besuch in der Kneipe lassen. Schreiben Sie sich alles auf. Mit diesen Informationen wird es Ihnen leichter fallen, in knappen Monaten Ihr Einsparungspotenzial zu entdecken.

Ich selber nutze auch einen Haushaltsplan. Meine Lieblingskategorie ist „Kind".

Diese habe ich nochmal in Unterkategorien unterteilt.

Kind:
- Nahrung
- Hygiene + Medikamente
- Kleidung
- Spielzeug

Da ich ein Kleinkind habe, fallen noch wenig Positionen an. Später werden noch Positionen wie Schule, Taschengeld, Freizeit und mehr anfallen.
Warum ich diese Kategorie so spannend finde? Ganz einfach!
Ich kann am Ende des Monats genau sehen, wie viel Geld ich für mein Kind ausgegeben habe. Nun gibt es im Monat 194 EUR vom Staat als Kindergeld. Der Staat überweist jeden Monat den gleichen Betrag. Was ich aber nicht weiß ist, wie viel von meinem Gehalt ich zusätzlich für mein Kind ausgebe. Durch diese Auflistung kann ich am Ende des Monats immer ganz genau sagen, wie lange ich mit dem Kindergeld ausgekommen bin.

Sammeln Sie einfach alle Kassenbons und setzen sie sich am Wochenende fünf bis zehn Minuten hin und schreiben alles auf. Oft wird einem dann erst bewusst, wie viel Geld man für einige Kategorien verschwendet. (Beispiel Snacks)
Sollte das Geld mal etwas knapper werden, setzen Sie sich für bestimmte Kategorien ein Limit und können so verhindern, in finanzielle Engpässe zu kommen.

Das Taschengeld-Prinzip

Es klingt vielleicht kindisch. Dieses Prinzip kann aber wirklich Wunder bewirken. Erinnern Sie sich mal zurück zu der Zeit, in der Sie Taschengeld bekommen hatten. Angenommen, Sie haben 2,00 Mark bekommen und sind zum Kiosk gegangen. Dort haben Sie sich dann eine schöne gemischte Tüte Bonbons gekauft für genau 2,00 Mark. Sie waren glücklich und zufrieden. Natürlich hätten Sie sich das Geld für die ganze Woche aufteilen können, damit Sie jeden Tag ein paar Bonbons haben könnten. Wollten Sie aber nicht. Sie wollten heute eine schöne große Tüte haben und diese genießen.

Damit war das Geld ausgegeben. Was haben Sie dann getan, wenn Ihnen die Eltern kein Geld mehr geben wollten? Ganz genau, Sie haben wieder eine Woche gewartet, bis zum nächsten Taschengeld, und sind dann wieder los.

Mit dem Alter kamen mehr Möglichkeiten und mehr Geld. Viele Menschen haben allerdings noch das Problem, dass sie einfach nicht wissen, wie viel Geld sie nun für eine Tüte Bonbons ausgeben dürfen. Genauso wenig sehen sie keinen Grund, am nächsten Tag nicht noch eine zu kaufen, schließlich haben sie die Möglichkeit.

Natürlich geht es nicht direkt um eine Tüte Bonbons. Trotzdem glaube ich, dass Sie das Prinzip verstanden haben, dass ich Ihnen nahebringen möchte.

Ein Mensch braucht Grenzen, die er sieht. Als Kinder wussten wir: Ist das Geld weg, muss ich warten, bis neues kommt. Mit dem Alter kam aber auch das Problem, dass wir das Gefühl für Geld verlieren. Wir zahlen mit Karte, verlieren den Überblick und schon sind ein paar Hunderte weniger auf dem Konto. Ziehen Sie sich selbst eine

Grenze, indem Sie beschließen, beispielsweise maximal 100 EUR in der Woche für sich auszugeben. Lassen Sie es sich bar auszahlen und bezahlen Sie nur mit diesem Geld. Von diesen 100 EUR gehen Sie zum Beispiel für sich einkaufen, kaufen sich Snacks, Kleidung oder anderes. Am nächsten Montag, holen Sie sich dann wieder 100 EUR. Sollten Sie noch Geld von der Vorwoche über haben, perfekt! Dieses können Sie dann zu den neuen 100 EUR hinzupacken und womöglich diese Woche mal eine besondere Anschaffung tätigen - vielleicht ein neues Spiel für die Konsole (ca. 60 EUR) oder ein Geburtstags- geschenk für die Freundin/ den Freund (ca. 20 EUR).

Versuchen Sie es, und halten Sie sich an Ihre eigene Regel. Es bringt Ihnen nichts, wenn Sie schummeln und mehr Geld nehmen, schließlich belügen Sie sich damit nur selbst. Wie sagt man so schön: Wer sich selbst belügt und betrügt, kann von anderen nicht die Wahrheit verlangen.- Sie haben es als Kind geschafft. Das ist auch als Erwachsener möglich. Der Unterschied ist lediglich, dass Sie jahrelang Zeit hatten um nach Ausreden zu suchen!

WIE SIE IHR GELD AM BESTEN SPAREN

Nun will ich Ihnen Möglichkeiten und Methoden zeigen, wie Ihr Geld am besten gespart werden kann. Natürlich müssen Sie nicht jede dieser Methoden anwenden. Berücksichtigen Sie jedoch die Devise: Mehr ist gleich mehr!

Ich selber nutze jede dieser Methoden und sorge so dafür, dass ich mir auf langfristiger Sicht ein Vermögen aufbauen kann. Natürlich darf man, dieses Geld nicht einfach nur auf dem Konto herumliegen lassen. Dafür gibt es aber dann den 3. Schritt der finanziellen Freiheit.

Konzentrieren wir uns nun aber erstmal auf die Basics uns starten gleich zu Anfang auch mit dem Wichtigsten!

Die 10-%-Regel

Eine der besten Maßnahmen zum Geldsparen ist die 10-%-Regel.
Anfang des Monats wird 10 % Ihres Gehaltes zurückgelegt. Wichtig ist dabei, dass dies wirklich am Anfang des Monats geschieht und nicht am Ende.

Denken Sie daran, bezahlen Sie immer zuerst sich selbst und dann andere.
Nun gibt es viele Leute, die behaupten, dass sie nicht die Möglichkeit haben, so viel zu sparen. Wenn Sie der Auffassung sind, dass es Ihnen schwer fällt, kann ich ihnen nur empfehlen noch mal den 1. Schritt der finanziellen Freiheit durch zu gehen.

Die reichsten Menschen der Welt, haben Ihr Vermögen darauf aufgebaut, dass Sie diese Methode genutzt haben.
Bei manchen Menschen können schon kleine Änderungen dazu führen, dass diese 10 % erreicht werden. Dann wird mal weniger Essen bestellt oder dann trinkt man eben ein Bier weniger am Wochenende. Man muss auch nicht jeden Monat eine neue Hose kaufen.
Natürlich darf man nicht vergessen, dass es Menschen gibt, die nur 1.000 EUR im Monat zur Verfügung stehen haben. Denen fällt es schwerer 10 % zurück zu legen, als Menschen mit 10.000 EUR im Monat. Hier gilt dann aber die Regel, dass Sie diese 10 % durch den 1. Schritt der finanziellen Freiheit generieren können.

Der Rest Ihres Gehaltes, steht Ihnen zur freien Verfügung. Stellen Sie nur sicher, dass am Anfang des Monats eben diese 10 % gesichert werden und auf ein anderes Konto laufen. Am besten richten Sie sich dafür gleich einen Dauerauftrag ein, wenn Sie ein Festangestellter sind mit geregeltem Einkommen. Als Freiberufler oder Selbstständiger müssen Sie darauf achten, dass Sie diese 10 % Regel mit einkalkulieren. Damit ist nicht gemeint, dass Sie nun mehr auf ihr Privatkonto überweisen sollen, sondern von den 90 % mehr herausholen müssen.

Um Ihnen dieses Beispiel einmal deutlich zu machen. Wenn eine Person 2.500 EUR verdient, belaufen sich die Kosten dieser Person in der Regel auf max. 2.500 EUR. Wenn die Person nun einen neuen Job bekommt und auf einmal 5.000 EUR verdient, legt diese Person dann 2.500 EUR zurück? Schließlich kam die Person auch vorher mit weniger Geld zurecht!
Dies kommt in den wenigsten Fällen vor. Die meisten Menschen erhöhen auch die Ausgaben, sobald sie mehr Geld verdienen.
Diese Methode bildet das Fundament. Jeder der ein Vermögen aufbaut kommt da nicht drum herum.
Fragen Sie sich nicht, warum Sie es nicht schaffen – Fragen Sie sich, wie Sie es schaffen könnten!

Empfehlung:
Das Buch – Der Reichste Mann von Babylon. Lesen Sie dieses Buch und Sie werden sehen, dass es möglich ist 10 % zu sparen.

Wenn man vom durchschnittlichen Gehalt der Studien ausgeht, wären 250,00 EUR im Monat der kleinste Betrag der damit gespart wird.

Die 1-Euro-am-Tag-Methode

Es handelt sich hierbei um eine einfache Art des Sparens. Jeden Tag, nachdem Sie aufgestanden sind, packen Sie einen Euro in die Spardose. Wichtig hierbei, Sie legen diesen Euro wirklich morgens in Ihre Spardose.

Damit es einfacher für Sie ist, können Sie am besten die 1-Eurostücke sammeln und neben Ihre Spardose legen. Es ist auch psychologisch wichtig, jeden Tag zu sehen, dass Sie etwas sparen. Jeden Morgen haben Sie ein kleines Erfolgserlebnis und dies erhalten Sie bereits, bevor der Tag wirklich angefangen hat. Das ist auch der Grund, warum Sie nicht einfach einmal wöchentlich 7 Euro in die Spardose geben sollten. Es wird Ihnen auf Dauer wirklich Spaß machen, sich jeden Morgen zu belohnen.

Bei 1,00 EUR pro Tag – ca. 30,00 EUR im Monat

Die Pfandflaschen-Methode

Wenn Sie die Pfandflaschen zurückbringen, die sich bei Ihnen im Haushalt angesammelt haben, lassen Sie sich das Pfandgeld separat auszahlen und verrechnen Sie es nicht mit dem Einkauf.

<u>Geld, das Sie nicht haben, vermissen Sie nicht!</u>

Merken Sie sich diesen Spruch. Sparen Sie dieses Geld separat in einer Spardose. Sie können dafür gerne eine separate Spardose nutzen, ansonsten nehmen Sie Ihre 1-Euro-Am-Tag-Spardose. Diese Sparmethode ist wunderbar! Ich persönlich nutze sie zum Beispiel, um Urlaube zu finanzieren. Ich besitze eine extra Spardose dafür, in der ich das Pfandgeld sammle.

Sie können sich ja mal selber ausrechnen, wie viel Geld da zusammenkommt. Eine Flasche Wasser am Tag. Abends dann womöglich noch eine Flasche Cola. Zwischendurch gibt es tagsüber noch eine Dose Energy und schon sind es 0,75 EUR am Tag. Rechnen Sie dies nun mal auf ein Jahr hoch. Mit diesem Geld kann man schon mal einen schönen Teil seines Urlaubs bezahlen

Da lohnen sich die Partys zu Hause, an denen die Kollegen die Pfandflaschen liegen lassen oder die zusätzlichen Glasflaschen vom Wochenendbier.

Bei einer Flasche am Tag wäre dies ein Monats-ergebnis von ca. 7,50 EUR. Am besten rechnen Sie Ihren Verbrauch einmal aus, da dieser stark schwankt. Während die einen Menschen ca. 4 – 5 Flaschen am Tag verbrauchen, verbrauchen Andere Menschen gerade einmal 1 – 2 Flaschen in der Woche, weil Sie Leitungswasser oder Anderes trinken.

Sonderzahlungen und Gehaltserhöhungen

Viele Angestellte bekommen Sonderzahlung in Form von Urlaubs- und Weihnachtsgeld. Nutzen Sie auch dieses Geld, um sich davon etwas zur Seite zu legen.
Denken Sie an das Sprichwort von gerade eben. – Geld, das Sie nicht haben, vermissen Sie nicht! –
Legen Sie also 25 – 50 % von diesen Sonderzahlungen auf ein separates Konto.

Ähnlich verhält es sich mit Gehalterhöhungen. Gelegentlich erhöht sich das Gehalt bei Angestellten um einen pauschalen Prozentsatz (meist 2 – 3 %).
Ich würde Ihnen empfehlen, dieses Geld direkt Ihren Ersparnissen zuzuführen.
Sie sind vorher ohne dieses Geld ausgekommen. Warum sollten Sie es also nun nutzen müssen?
Der einzige Grund wäre, dass Sie mehr Geld ausgeben wollen! Lassen Sie es also am besten sein, denn wir wollen schließlich ein Vermögen aufbauen und es nicht aus dem Fenster werfen.

Je nach Sonderzahlung und Gehaltserhöhung sind zwischen 500,00 – 1.500,00 EUR möglich.

Dies sind die vier besten Methoden, um von seinem Gehalt zu sparen. Es ist möglich, jede dieser Methoden anzuwenden, und Sie sollten davon auch Gebrauch machen. Wenn Sie alle Methoden anwenden, eröffnen Sie sich neue Chancen.
Der Weg zum Erfolg beginnt mit einem Start.

Das Sparfuchs-Mindset

Um wirklich sparen zu wollen, braucht man eine grundlegende Mentalität. Sie müssen sich wirklich darauf einlassen und auch bereit sein, dafür auf andere Dinge zu verzichten. Es ist ähnlich wie bei einer Diät, nur sehen Sie den Erfolg auf dem Konto und nicht am Körper. Der Unterschied ist nur, dass niemand außer Ihnen es sieht. Und das ist das Problem, an dem viele scheitern. Viele Menschen richten ihr Handeln danach aus, um von anderen Leuten Anerkennung und Aufmerksamkeit zu erhalten. Dies bekommen Sie beim Sparen nicht. Das bringt uns auch gleichzeitig zu Punkt 1.

Kleinwagen statt Sportwagen

Muss es wirklich der Sportwagen sein? Sie sind daran interessiert, am Ende des Monats mehr Geld auf dem Konto zu haben, aber verbrennen während des Monats einen Haufen Geld nur wegen eines Autos?

Viele Menschen geben ca. 30 % - 50 % ihres Gehalts nur dafür aus, um es zu unterhalten. Dies ist nicht nachvollziehbar.

Sehen Sie das Auto als Nutzfahrzeug an und nicht als modisches Accessoire. Sie können viel Geld damit sparen.

Sprechen Sie in Ihrer Beziehung offen über Geld

Viele Paare streiten sich am Ende des Monats über das liebe Geld.

Sie werden sich viel Ärger und Kummer ersparen, wenn Sie von Anfang an ehrlich zueinander sind. Sagen Sie dem Partner oder der Partnerin schon am Anfang des Monats, dass Sie diesen Monat nur wenig ausgeben können. Nennen Sie hier auch ruhig eine konkrete Summe.

Wenn Ihr Partner oder Ihre Partnerin Sie wirklich liebt, unterstützt er oder sie Sie sogar dabei. Sie beide sind ein Team und bewältigen Probleme gemeinsam. Genauso arbeiten Sie auch an einer gemeinsamen Zukunft.

Gehen Sie keine Ratenzahlungen ein

Ratenzahlung ist die größte Verkaufsfalle schlechthin!

Der Einzelhandel ist sich bewusst, dass viele Kunden nicht viel sparen und sich hochwertige und teure Produkte oft nicht leisten können. Um trotzdem den Verkauf anzukurbeln, haben sie die Ratenzahlung eingeführt und verleiten die Kundschaft so, über ihre Möglichkeiten hinaus zu zahlen.

Mein Tipp: Wenn Sie sich etwas nicht sofort leisten können, dann sparen Sie!

Wenn Sie nicht in der Lage sind, etwas sofort zu bezahlen, dann hat das seinen Grund. Gestehen Sie sich selber ein, dass Sie sich dieses Teil aktuell einfach nicht leisten können und nun anfangen, daraufhin zu sparen. Dies sorgt nicht nur dafür, dass Sie sich nicht verschulden, sondern gleichzeitig setzen Sie sich ein klares Ziel!

Sale ist nicht gleich sparen

Wenn man Sale liest, gehen die Augen schnell weit auf und man hält Ausschau. Doch Vorsicht. Nicht jeder Sale spart Ihnen wirklich Geld.

Wenn Sie sich eine Winterjacke für 30 EUR kaufen, die vorher 100 EUR gekostet hat, glaube Sie zuerst, dass Sie 70 EUR gespart haben. Theoretisch ist dies auch richtig.

Wenn Sie allerdings drei Winterjacken zu Hause haben und gar keine weitere wirklich brauchen, dann haben Sie hingegen 30 EUR verloren.

Sie müssen selbst bei Sale-Angeboten darauf achten, ob Sie diese Ware wirklich benötigen.

Mein Tipp – Im Herbst/Winter kann man günstig T-Shirts und Bademode für den Sommer kaufen. Wenn Sie diese benötigen, dann kaufen Sie sich diese, solange sie im Preis reduziert sind.

Sehen Sie Sparen als Wettbewerb

Eine schöne Methode, um zu sparen, ist der Wettbewerb. Hier spielen Sie aber gegen sich selber. Fangen Sie an zu denken, dass Sie sich selber und Ihre Voraussetzungen schlagen werden.

Wenn Sie vorhatten, am Ende des Monats 250 EUR zur Seite gelegt zu haben, dann versuchen Sie, 260 EUR zu schaffen. Versuchen Sie, sich selbst zu übertreffen. Sie werden merken, dass es Spaß macht. Außerdem dürfen Sie nicht vergessen, dass Sparen seinen Vorteil hat und Sie diesen auch gerne mal ausnutzen dürfen.

Stellen Sie sich vor, Sie sind mit Ihren Freunden / Freundinnen unterwegs und alle wollen sich im Möbelhaus eine neue Wohnzimmereinrichtung kaufen. Während Ihre Freunde / Freundinnen damit beschäftigt sind, den Ratenvertrag zu unterzeichnen, holen Sie Ihr Portmonee heraus und legen die Geldscheine bar auf den Tisch. Es ist ein unglaublich tolles Gefühl, große Summen in bar zahlen zu können und ein noch besseres, wenn Sie das tun können, ohne am Ende des Monats einen leeren Kühlschrank zu haben. Der Neid der Anderen ist dabei dann nur noch das Sahnehäubchen.

Belohnen Sie sich selber

Natürlich haben wir nun viel über Sparen geredet. Sie sollten aber nun nicht den Eindruck haben, dass Sie auf alles verzichten müssen. Wenn sie 10 – 15 % Ihres Gehaltes sparen und am Ende des Monats noch etwas übrig ist, dann gönnen Sie sich etwas. Sie dürfen Ihr Geld ruhig ausgeben. Ob diese Investitionen Sinn machen oder einfach nur aus Spaß getätigt werden, spielt dabei keine Rolle. Schließlich haben Sie sich bereits finanziell abgesichert und nun können Sie sich auch gerne mal damit beschäftigen, Geld auszugeben!

15 schnelle Spartipps

Sparen ist gar nicht so schwer, wie man denkt. Gelegentlich muss man nur einen kleinen Denkanstoß erhalten. Darum liste ich Ihnen hier 15 schnelle Spartipps auf, die wirklich jeder in den Alltag integrieren kann. Gleichzeitig zeige ich Ihnen den möglichen ersparten Betrag.
Zu berücksichtigen ist allerdings, dass die Kosten von der Region abhängig sind, in der Sie leben, und von Ihrem persönlichen Konsum. Machen Sie sich daher mal die Mühe und vergleichen Sie meine Werte mit Ihrem persönlichen Einkauf. Glauben Sie mir, wenn sie auch nur einen einzigen diesen Tipps berücksichtigen, haben Sie am Ende des Monats schon mehr Geld in der Tasche!

1) Essen von zu Hause mitnehmen

Wer kennt das nicht: Man sitzt um 10 Uhr auf der Arbeit und auf einmal fängt der Magen an zu knurren. Die Brotdose hat man nicht dabei, aber der Auszubildende muss gleich zur Post fahren, da kann er doch eben schnell noch beim Bäcker reinspringen und ein belegtes Brötchen mitbringen.

In der Mittagspause geht es dann schnell rüber zur Pommesbude.

Frühstück vom Bäcker kostet eventuell 2,50 Euro.

Mittagessen bei der Pommesbude noch mal 6,50 Euro

Ein Softgetränk oder Schokoriegel zwischendurch wären dann zusätzlich 1,00 Euro.

Schon haben Sie 10,00 EUR am Tag ausgegeben, die Sie sicher lieber für etwas anderes behalten hätten.

Fangen Sie an, sich Ihr Brot selber zu schmieren, und nehmen es sich mit zur Arbeit.

Gibt es heute Abend Spagetti bei Ihnen? Perfekt! Kochen Sie sich gleich ein paar Nudeln mehr und nehmen diese am nächsten Tag dann mit zur Arbeit. So sparen Sie mindestens die Hälfte Ihrer Tagesausgaben für Mahlzeiten

Kostenersparnis = mindestens 5,00 EUR pro Tag – 150,00 EUR pro Monat

2) Lassen Sie das Auto stehen.

Natürlich hat nicht jeder dazu die Möglichkeit, aber muss es wirklich sein, dass Sie das Auto für einen Arbeitsweg von drei Kilometern nutzen?

Wenn gutes Wetter ist, bietet es sich an, einfach mal das Fahrrad zu nehmen. Jede Fahrt mit dem Auto kostet Sie Geld!

Für jeden gefahrenen Kilometer geben Sie ca. 0,30 EUR (Steuerpauschale) aus. Wenn Sie nun einen Arbeitsweg von drei Kilometern haben, sind dies schnell 1,80 EUR am Tag.

Hochgerechnet auf eine Fünf-Tage-Woche wären das 9,00 EUR. Bei einem Vier-Wochen-Monat wären das 36,00 EUR. Dieses Geld könnten Sie nicht nur sparen, sondern würden sogar die Hälfte vom Finanzamt nochmal gutgeschrieben bekommen. Diese berechnen Ihnen nämlich 0,30 EUR pro Kilometer für Ihren Arbeitsweg, allerdings ausschließlich einfache Fahrt. Somit trägt die eine Hälfte der Staat und die andere Hälfte der Arbeitnehmer. Wenn Sie einen längeren Weg haben, dann gibt es natürlich mehr Geld! Rechnen Sie Ihren Weg am besten mal selber aus, den in der Regel müssen die meisten Arbeitnehmer weiter als 3 Kilometer fahren.

Kostenersparnis = 36,00 EUR pro Monat lt. Rechnung – 432,00 EUR Jahr + 216,00 EUR Erstattung Lohnsteuer-jahresausgleich bzw. Einkommenssteuererklärung.

Fahrten zum Kiosk, zur Tankstelle, zum Fußballspiel am Wochenende etc. gar nicht mit eingerechnet. Sie merken daher, dass es sich lohnen wird, das Auto stehen zu lassen.

3) Kaufen Sie die Eigenmarken im Supermarkt

Zu diesem Punkt muss man nicht viel sagen.
Es muss nicht immer das Markenprodukt sein, denn viele Supermärkte besitzen eigene Marken. Kaufen Sie daher lieber das Eigenmarkenprodukt, dieses ist gelegentlich sogar über die Hälfte günstiger. Versuchen Sie daher, dies auch auszunutzen.

Kostenersparnis = mindestens 20 % Ersparnis, bei einem Wocheneinkauf von 50,00 EUR wären das 10,00 EUR und somit 40,00 EUR pro Monat

4) Zahlen Sie den Einkauf mit Bargeld

Wie schon weiter oben erwähnt, ist Bargeld eine Sparstütze.
Sie werden merken, dass es Ihnen schwerer fallen wird, ungewöhnliche Anschaffungen zu tätigen.
So bequem es ist, mit einem Klick zu zahlen nur die EC-Karte vorzuhalten – ein solches Bezahlverhalten kann schnell ins Geld gehen. Sie laufen so Gefahr, den Überblick über Ihre Finanzen zu verlieren.

Kostenersparnis = ungeklärt. Jeder geht mit Bargeld-situationen anders um.

5) Urlaub

Frühbucherrabatte oder Last-Minute-Angebote sparen Ihnen teilweise über 20 %.
Wenn man nun berücksichtigt, dass die Deutschen im Schnitt ca. 800,00 EUR/pro Person für einen Urlaub bezahlen, macht sich das durchaus bemerkbar.

Kostenersparnis = >20 % = mindestens 160,- EUR/pro Person

6) Leitungswasser

Sie können sich auch die Getränke sparen. Kaufen Sie sich ein Liquid oder Eistee-Pulver und mischen Sie dieses mit Wasser. Die Qualität des Leitungswassers in Deutschland ist hervorragend und Sie sparen Kosten für die Getränke, da diese Liquide und Pulver günstiger sind. Außerdem sparen Sie damit Platz bei der Lagerung, können mehr davon einkaufen und müssen daher seltener einkaufen.

Kostenersparnis = Schätzung. Abhängig vom Konsum. Im Schnitt sollten aber 5,00 EUR pro Monat mindestens möglich sein.

7) Tarife vergleichen

Nehmen Sie sich die Zeit und vergleichen Sie die Tarife von Mobilfunkanbietern, Strom- und Gasanbietern, Versicherungen und so weiter. Es gibt unzählige Seiten im Internet dafür. Nutzen Sie dieses Mittel. Ein Berater wird alles für Sie organisieren. Teilweise müssen Sie sich nach dem Abschluss nicht einmal mehr um die Kündigung kümmern, da der neue Anbieter alles übernimmt. In den meisten Fällen gibt es sogar Neukunden-Geschenke. Diese können von Geldbeträgen bis zu Mobilfunkgeräten reichen. Auch hier haben Sie somit nicht nur Geld gespart, sondern bekommen welches geschenkt, und alles nur, weil Sie sich zu Hause für 30 Minuten an den Rechner gesetzt haben.

Kostenersparnis = abhängig von den Verträgen. 100 – 500 EUR im Jahr sind auf jeden Fall machbar. Außerdem erhalten Sie teilweise sogar Prämien wie Bonuszahlungen oder Elektrogeräte wie Tablets oder Smartphones (einmaliger Wert zwischen 100 – 500 EUR)

8) Vorratskäufe – Nutzen Sie Angebote

Wöchentlich erscheinen Werbebroschüren von Supermärkten Nutzen Sie die darin aufgeführten!
Wenn Sie eine Gefriertruhe haben, einen Abstellraum oder andere Möglichkeiten, Lebensmittel zu lagern, dann sollten Sie es auch nutzen. Sie sparen damit nicht nur Geld, sondern machen sich auch den nächsten Punkt etwas einfacher.

Kostenersparnis = Schätzung. Abhängig vom Konsum. Im Schnitt sollten aber 5,00 EUR pro Monat mindestens möglich sein.

9) Einkaufsliste / Essensplan

Bevor Sie einen Einkauf tätigen, sollten Sie eine genaue Liste erstellt haben, welche Lebensmittel Sie wirklich benötigen. Am besten erstellen Sie sich hier für einen Essensplan, damit Sie genau wissen, welche Lebensmittel benötigt werden.

Versuchen Sie die Einkaufsliste und den Essenplan so zu gestalten, dass Sie auch wirklich nur einmal pro Woche einkaufen müssen.

Bleiben Sie stark - kaufen Sie ausschließlich Produkte, die auf der Einkaufliste notiert sind. Ständige Impulskäufe sind der Grund dafür, warum die meisten Menschen mehr Geld im Supermarkt lassen als geplant. Supermärkte sind sogar extra darauf konzipiert, um Impulskäufe zu unterstützen. Beispiel wären die Süßigkeiten an der Kasse auf Höhe der Kinder oder die Eis Truhe mit großen Bildern. Beim Warten an der Kasse, kommt es dann schnell zu genau diesen Impulskäufen.

Kostenersparnis = konsumabhängig. Sie selbst wissen aber am besten, wie anfällig Sie für „Impulskäufe" sind.

Daher kann man auch hier von ca. 5,00 EUR im Monat ausgehen.

10) Freunde einladen anstatt in ein Café zu gehen

Am Wochenende mal eben auf einen Kaffee mit dem besten Freund oder der besten Freundin. Schnell verquatscht man sich und bestellt sich einen zweiten Kaffee und ggf. noch ein Stück Kuchen. Und genau da liegt die Kostenfalle. Natürlich sollte man sich mit

Freunden treffen und darf sich auch mal etwas gönnen, dies sollte allerdings immer kontrolliert stattfinden. Sie können genauso gut zu Hause Kaffee trinken. Sie sparen sich damit die Fahrt zum Café, den Kaffee selber (die Kosten für eine Kanne Filterkaffee zuhause belaufen sich auf knapp 0,40 EUR) und ggf. noch das Stück Kuchen oder Trinkgeld.

Kostenersparnis = mindestens 5,00 EUR pro Besuch
(1-2 Kaffee à 1,50 – 2,50 EUR + Fahrt hin und zurück + Extras wie Kuchen etc./Trinkgeld)

11) Ungenutzte Verträge fürs Fitnessstudio kündigen

Viele Menschen fassen zum neuen Jahr gute Vorsätze. Mehr Sport ist einer der beliebtesten. Daher ist die Anzahl der Vertragsabschlüsse in Fitnessstudios im ersten Quartal am höchsten. Statistisch betrachtet, hören die meisten Leute aber schon nach 4 Monaten wieder damit auf. 60 – 70 % der Mitglieder eines Fitnessstudios kommen weniger als zweimal im Monat. Erschreckende Zahlen? Genauso ist es. Kündigen Sie Ihr Abo, wenn Sie nicht mindestens 5-15 Mal im Monat ins Fitnessstudio gehen. Sie können auch zu Hause Sport machen und sparen viel Geld damit.

Kostenersparnis = 10 – 55 EUR pro Monat
(Durchschnittlich werden 25 EUR pro Monat bezahlt – 300 EUR im Jahr)

12) Satellit statt Kabel-TV

Falls Sie die Möglichkeit haben!
Viele Deutsche sehen immer noch über Kabel-TV. Dies
sorgt für eine monatliche Belastung. Sie können es aber
auch anders machen. Lassen Sie sich eine Satellitenschüssel
installieren Es fallen einmallige Kosten an, jedoch haben
Sie diese Kosten schon nach wenigen Monaten wieder
eingespart. Beispiel:
Anschaffungskosten der Satellitenschüssel ca. 900,00 EUR.
Monatliche Kabel-TV-Kosten ca. 25,00 EUR.
Anschaffungskosten / Kabel-TV-Kosten ca. 36,00 EUR.
Dies bedeutet, dass die Anschaffungskosten nach ca. 36
Monaten ausgeglichen sind.

Ab dem 37. Monat sparen Sie also 25,- EUR. Damit lassen
sich 300,- EUR im Jahr sparen.

Natürlich hat jeder unterschiedliche Kosten und auch die
Anschaffung variiert von Unternehmen zu Unternehmen.
Jedoch dient dieses Beispiel nur als Veranschaulichung.
TIPP – Ca. 30 % der Rechnung besteht aus Personal-
kosten. Diese Personalkosten können Sie in der
Steuererklärung mit angeben und erhalten vom Staat sogar
Geld zurück!

13) Sie rauchen? Fangen Sie an zu stopfen!

Natürlich ist rauchen ungesund und man sollte lieber gar nicht erst rauchen. Trotzdem lässt sich auch hier sparen.
Beispiel:
Ein durchschnittlicher Raucher verbraucht eine Schachtel am Tag. Je nach Marke sind das im Schnitt 21 Stück zu einem Preis von 6,00 EUR/Schachtel. Insgesamt ca. 630 Stück im Monat.
1 Schachtel kostet ca. 6,00 EUR.
* 30 Tage (1 Monat) = 180,00 EUR.
Somit gibt die Person im Schnitt 180,00 EUR im Monat für Zigaretten aus, womöglich sogar mehr.
Eine Stopfdose kostet ca. 30,00 EUR und man erhält zwischen 350 – 400 Zigaretten daraus. Um also einen Monat ausgestattet zu sein, benötigen wir weniger als zwei Dosen. Fangen wir mal an zu rechnen.

1 Stopftabakdose	=	30,00 EUR
*2 für 1 Monat	=	60,00 EUR
+ Hülsen – ca. 4,00 EUR	=	64,00 EUR Gesamt

Sie sehen also, dass hier eine Menge Geld gespart werden kann. Noch mehr, wenn man gar nicht erst rauchen würde, aber zumindest hält man die Kosten so geringer.
Setzen Sie sich abends mit Ihrer Stopfdose vor den Fernseher und stopfen Sie für den darauffolgenden Tag Ihre Zigaretten. Dies sorgt auch gleichzeitig dafür, dass Ihre Finger in Bewegung sind und somit naschen Sie auch weniger Süßigkeiten. Dies führt uns auch gleichzeitig zum nächsten Punkt.

Kostenersparnis = 116,00 EUR pro Monat (1392 EUR im Jahr)

14) Verlegen Sie die Süßigkeiten auf das Wochenende

Über den Tag mal eben einen Schokoriegel und am Abend vor dem Fernseher geht mal schnell die Chips tüte auf oder man holt die Tafel Schokolade raus.
Dies ist auf Dauer nicht nur ungesund und macht dick, sondern geht auch in den Geldbeutel.
Sie sollten anfangen, den Verzehr von Süßigkeiten zu vermeiden und diesen maximal aufs Wochenende zu verlegen. Umso mehr können Sie diese Süßigkeiten dann auch genießen!
Ihr Geldbeutel und Ihr Körper werden sich dafür bei Ihnen bedanken.

Kostenersparnis = Im Schnitt geben die Deutschen ca. 15,00 EUR in der Woche für Süßigkeiten aus. Teilt man diesen Betrag durch sieben und rechnet dann mal drei (Freitag – Sonntag) erhält man knapp 6,50 EUR. Dies bedeutet also, dass Sie 8,50 EUR in der Woche sparen.
34,00 EUR im Monat (408,00 EUR im Jahr)

15) Besuchen Sie einen Flohmarkt/ Kaufen Sie gebraucht statt neu

Online Großhändler bieten die Möglichkeit, gebrauchtes Material zu kaufen
Amazon deklariert es zwar als gebraucht, es handelt sich aber meist um Originalware, die einfach nur als B-Ware deklariert wurde Hintergrund ist zum Beispiel, dass im Versand ein Fehler unterlaufen ist und dieses Gerät deshalb zurückgeschickt wurde. Diese zurück gesendete Ware gilt dann als gebraucht bzw. als B-Ware und wird günstiger angeboten. Somit lässt sich da viel Geld sparen.

Außerdem gibt es viele Plattformen, die gebrauchte Ware zu teilweise sehr günstigen Preisen anbieten. Nutzen Sie dies bei der Anschaffung von Elektrogeräten, Möbeln, Kleidung usw.

Außerdem bietet ein Flohmarktbesuch eine gute Gelegenheit, nicht nur günstige Artikel zu kaufen, sondern gleichzeitig einen Ausflug mit dem Partner oder der Familie zu machen. Sie unternehmen etwas, dass Sie kein Geld kostet, und gleichzeitig können Sie die Gelegenheit nutzen, um das eine oder andere Schnäppchen zu machen.

Kostenersparnis = je nach Anschaffungen im Monat kann man schnell 10,00 – 200,00 EUR sparen

Sie merken: Es gibt unzählige Möglichkeiten, um Geld zu sparen. Der wichtigste Punkt ist allerdings, dass Sie anfangen, ein Gefühl für Geld zu entwickeln. Wenn Sie auch nur eine Handvoll meiner Vorschläge berücksichtigen, ist Ihnen ein Erfolg garantiert. Halten Sie sich immer vor Augen: Es handelt sich um Ihr Geld. Es sollte also auch Ihre Aufgabe sein, dieses Geld zu beschützen, denn in der heutigen Zeit wird jeder versuchen, ein Stück von Ihrem Geld abzubekommen. Wenn man gelernt hat, Geld wirklich wertzuschätzen, und gelegentlich auch mal NEIN sagt, wird man langfristig mehr Geld zur Verfügung haben.

ABSCHLUSSWORT

Ich hoffe, Sie hatten Spaß beim Lesen dieses Buches.

Es ist immer noch faszinierend, wie viel wir eigentlich sparen können. Es gibt sogar eine Gruppe von Menschen, die sich selber als Frugalisten bezeichnen.

Ihr Ziel ist relativ einfach: In Rente gehen mit ca. 40 Jahren.

Klingt auf dem ersten Blick eventuell etwas absurd, ergibt jedoch Sinn.

Sie schaffen es, jeden Monat ca. 50 % oder mehr von ihrem Gehalt zu sparen und dieses dann gezielt in Aktien/ETFs und anderen Assets anzulegen. Dadurch bauen sie sich ein so großes Vermögen auf, dass sie es wirklich schaffen, mit 40 in Rente zu gehen. Man muss allerdings dazu sagen, dass diese Menschen wirklich nach dem Minimalismus-Prinzip leben. Sie kaufen sich keine überflüssigen Sachen und können wirklich gut mit Geld umgehen.

Diese Menschen verdienen meinen Respekt, weil es für mich ein klares Verzichten wäre, so viel Geld weg zulegen. Für diese Menschen ist es aber kein Verzicht, sondern Standard.

Sie sehen also, dass man es wirklich schaffen kann! Man benötigt nur eine richtige Einstellung.

Schauen Sie sich Ihren Alltag an und schaffen Sie sich einen Überblick über Ihre Einnahmen und Ihren Kosten.

Danach versuchen Sie, einen Monat lang die hier aufgelisteten Punkte zu berücksichtigen, und schauen dann, wie viel Geld Sie am Ende des Monats auf einmal mehr haben.

Natürlich müssen Sie dafür nicht jeden Spar-Tipp anwenden, Sie sollten allerdings alle Sparmaßnahmen berücksichtigen. Wenn Sie alle Punkte anwenden, ist Ihnen der Erfolg schon garantiert!

INFORMATIONEN / RECHTLICHES

Quellen: www.splendid-research.com/studie-finanzen.html
www.statistika.com

Impressum: Wilko Vogt, Petkumerstraße 129, 26725 Emden
email: wvautor@icloud.com